Dezember. Matrose.

Von Dan Thy Nguyen

Für meine Freunde.

Prolog (prosaisch)

Bevor ich dich in meine Gedanken einführe!

Bevor ich dir versuche zu erklären,

Was ich in letzter Zeit erlebt habe, oder eben nicht,

Bevor ich dir vermitteln kann, was mir fehlt oder nicht,

Was ich brauche, oder nicht,

Oder von dem Matrosen berichte, den ich gesehen habe,

In dem Zugabteil, in dem ich gesessen habe,

Und der wahrscheinlich nicht bemerkt hat,

Dass ich ihn überhaupt beobachtet habe,

Da muss ich dir von dem Morgen erzählen,

Bevor ich abgefahren bin.

Ich stand erst spät auf.

Ich hatte in der Nacht zuvor nicht geschlafen.

Am Tag zuvor

Hätte ich für die Reise nach Kairo packen müssen,

Aber ich hatte es nicht getan.

Ich hatte den Gedanken

Eine Reise in ein arabisches Land zu unternehmen

Sehr lange vor mir her geschoben!

Weil ich den Stress nicht wollte!

Und weil ich sehr großen Respekt vor solchen Reisen habe!

Und Furcht!

Aber was hätte ich denn tun sollen?

Es war nun soweit!

Deshalb musste ich meine Sachen packen...

Am Morgen, an dem ich abgefahren bin -

Das, was ich hätte brauchen können -

Das, was ich hätte benötigen können -

Trotz der Furcht, die da war. Die Furcht vor Kairo -

Und die Furcht vor dem, was vor Kairo

Noch hätte kommen müssen.

Ich musste vorher nach Hause fahren.

Nach Köln.

Es war Weihnachten.

Aber ich wollte nicht nach Hause.

Der gesellschaftliche Zwang, dachte ich.

Aber der gesellschaftliche Zwang...

Und der Finanzielle...

Der Zwang!

(Kennst du das Gefühl gezwungen zu werden

Und keine Wahl zu haben?

(Oder hat man immer eine Wahl?

Und die Möglichkeit der Flucht?

Es wäre schön. Zu schön.

Aber ich bezweifle, dass es Schönes gibt

Und bezweifle meinen Zweifel.))

Der Zwang, der mich zum Sklaven macht!

Jedes Mal, wenn ich ihm entgegensehen muss!

Einen Zwang, an den ich mich immer wieder gewöhne...

Und durch den ich mich immer wieder furchtbar fühle

Und anfühle in meiner Haut.

Und zwar jedes Mal,

Wenn ich mich an die Normalität dieses Zwanges

Gewöhnt habe.

Merkwürdig, an was sich ein Mensch gewöhnen kann!

Am Morgen desselbigen Tages traf ich mich mit N. .

N. , der auch nach Hause musste, aber nicht wollte.

Wir aßen zusammen in einem spanischen Restaurant.

Und wollten gemeinsam nicht nach Hause,

Wo das Gefängnis wartete.

Und die Blicke, die uns sehr vertraut waren

Und die wir gehasst hatten.

Vertraut und fremd sein... Eine Kindheitsgeschichte.

(Eines Tages werden wir frei sein, frei, denke ich.

Freiheit.

Die Freiheit ist seit meiner Geburt

Und seit meinem Aufwachsen in dieser Welt

Zu einem großen Thema geworden)

Als wir uns dann verabschiedeten,

N. und ich,

Sagten wir dann:

„Wir sehen uns in Kairo!"

Aber zuvor war die Nachhausefahrt zu meistern!

Ein Meister zu sein

Und besonders eine Rückkehr zu meistern -

Das war noch nie mein Fall!

Oder die eigenen Gefühle zu meistern,

Die in einem brodeln, wenn man an einen Ort zurückkehrt.

Dann im Zug.

Der Beginn einer Reise.

Hoffentlich würde ich mich nicht zu sehr daran gewöhnen

Emotional getreten zu werden.

Eine Fahrt nach Hause.

Und dann in die Fremde.

Dort, wo vielleicht mein Zuhause wartet.

1

Im Gang...

Im Gang steht ein Matrose.

Ein Matrose aus Kiel.

Vielleicht sollte ich einmal wegfahren!

In einen Sommermonat

Oder in eine Nacht

Oder in einen Himmel voll Pulverschnee

Oder zu dem Baum,

Der keine Blätter mehr hat.

Keine Haare hat,

Weil er seine Liebe verloren hatte

Und nun bitter und arm ist -

Wie Tabak und Taubenmist

Ich sollte in die Welt fahren.

Oder nach Hause,

Wenn es ein zu Hause für mich gibt

Zur Freiheit oder zu Nazim,

Mit dem ich per du bin,

Seit meinem letztem Traum,

Und seitdem ich sein Buch gefunden habe

Auf dem Nachttisch eines Hotels

In Istanbul.

Ein Hotel, das mich mehr

An eine Schlacht erinnert hat!

Und mehr an Schuhcreme

Als an Ferien.

In dem ich zwar glücklich war,

Nazim aber nicht.

Deshalb habe ich Nazim

Mit mir genommen,

In meinem Rucksack,

Auf meinen Rücken.

Er liegt jetzt in meinem Regal.

Ob er jetzt glücklicher ist,

Will ich gar nicht wissen

Ich lasse ihn

Wenig Privates erläutern

Er hat mich vieles gelehrt

Mich tausendmal verdammt

Ich und Nazim. Wir sind per du

2

Ich frage mich, ob der

Matrose etwa weiß, dass

Ich über ihn schreibe.

Und ob er weiß, dass es

Winter ist. Dezember.

Und dass er sterben wird,

Wenn ich eine Zigarette zücke

Und an einer Kerze anzünde,

Die flackert und fröhlich brennt.

Oder ob er wahllos Dahergesagtes

Respektieren will, oder nicht.

Ob er wohl glücklich ist?

Und ob er wohl versteht, dass

Der Akt meines Dahinsiechens

Besser zu begreifen ist, als die Kunst

Eines unerträglichen,

Zerstörerischen

Und schönen

Augenblicks?

Ob er eine Geliebte hat,

Zu der er zurückkehren will?

Und im Zug gefangen ist,

Zwischen dicken und

Stinkenden Menschen.

Ob er wohl ein Leben hat,

Auf das er stolz sein kann

Oder für das er sterben würde,

So heroisch, wie eine flackernde Kerze,

Und so klein, wie der Mut des Wassers

In einer Trinkwasserflasche.

2,5 (Einschub)

Wie kann man denn

Sein Haus verlieren?

Mit dem Kamin,

Dem kleinen Wolf,

Den man aufgezogen hat.

Oder das Gefühl von Geborgenheit?

Das da daliegt

Wie ein alter Teppich?

Es war Dezember.

Die Schneeflocke,

Die mich besuchte,

Trat hinein,

Schloss hinter sich

Und schmolz.

Der Tag meiner Geburt.

Der Tag,

An dem ich mich

Versteckte,

Hatte sekundenschnell

Meine Freude getötet.

In der Abenddämmerung,

Die früh erschien,

Schaute ich hinaus

Und blickte auf das,

Was gestern...

Ich besuchte meine Freunde

Am Bücherregal.

Sie sagten:

„Die Menschen seien

Den Menschen

Ein Traum-

Ein Traum, der sich nicht vollzieht,

Weil wir eher vergessen wollen

Und nicht schlafen,

Um keinen Tag zu verpassen

Voller Wünsche,

Die wir nicht erfüllen

Aus lauter Feigheit!"

Warum habe ich

Vor dem Sterben

Angst-

Viel mehr, als vor dem Tod,

Der glasklar

Im Dunkeln

Vor mir liegt?

3

Meine Schrift ist hässlich!

Und mein Schreiben oft ohne Sinn!

Man muss mir diese Dinge nicht sagen,

Denn ich weiß!

Weiß, dass ich immer vor mir selbst weglaufe!

Weiß, dass ich vor der Fensterscheibe

Meines verdreckten Zimmers mehr

Freude am Leben empfinde, als an

Einen Sommertag mit Fremden am Elbstrand.

Ich weiß es so genau, wie

Ich weiß, dass irgendwann

Ein Krieg kommen wird.

Ganz einfach, weil-

Aus unserer Dummheit geboren

Immer ein Krieg kommen wird!

Er wird uns an die Wand stellen

Und unsere Schwerter und Federn

Aus unseren feinen Händen reißen,

Uns, die wir doch lieben

Eine Wahl zwischen unseren Fingern

Spüren

Zu können,

Uns,

Die wir nur die Freiheit packen könnten,

Wenn wir nur wollten, aber nicht tun.

Weil uns vielleicht der Mut in unseren Herzen,

Der uns zum Packen aufruft,

Zur Einsamkeit zwingt.

Und wir Tod und Gewalt weniger

Fürchten als das blanke Gefühl des Alleineseins.

Und weil wir doch zu gern ein zu Hause hätten

Mit Menschen und Gedichten

Mit Mitmenschen, Kerzen

Und Liebe.

Weil wir gerne ein Zuhause hätten

In einer uns fremden Welt....

4

Was die Bäume, die Blätterlosen,

Besser begriffen haben, als wir?

Dass wir einander töten,

Entseelen und köpfen,

Vergewaltigen und verkrüppeln,

Das alles nur-

Für eine Hand voll Glück.

Glück, dass uns zwischen

Den Fingern zerrinnt

Und uns fliehen will,

Weil es anderen Händen gehört hat

Als den unsrigen.

Und weil wir es heimatlos gemacht haben

Und paranoid.

Glück, das so kurz ist

Und schneller abbrennt,

Als eine Kerze,

An der ich einen Matrosen ermorden will

Oder das Glück, das in meinem Herzen vor Freude

Explodiert, für den Sinn,

Den der Seemann mir geben würde,

Wenn er doch endlich verarmen würde.

Für mein kleines bisschen Freude!

Für mein kleines bisschen Glück!

Ich würde alles dafür tun!

5

Sich leer schreiben,

Um die Stille zu riechen!

Stille, die einem selten begegnet,

Wahrscheinlich, weil es uns

An Ruhe mangelt.

Und weil es uns an Erfahrung fehlt.

Erfahrung, die unser Innenleben spiegelt,

Wenn wir, wie einst, wie Knaben herausrennen.

Nackt. Und uns im Schnee wälzen

Und lachen. So laut lachen,

Wie ein sonniger Dezembertag!

Kann es sein, dass wir die Tageszeitung

Mit erklärenden, bunten Bildern,

Den Farben der nicht verstandenen Welt

Vorziehen, so dass wir nicht *mehr* sehen,

Als das farblos Langweilige

Der zu jagenden Tiere und

Der Angst vor dem Krieg,

Einen Krieg,

Den man abwenden könnte

Durch ein paar weitere tausend Tote?

Ist uns noch nie einer dieser Toten begegnet,

Im Traum, oder in Geschichten,

Ein Toter, der uns nicht warnt,

Sondern uns nur anschaut

und starrt.

Der uns beobachtet,

Wie wir immer wieder

Und immer wieder

Die gleichen Fehler wiederholen.

Und nur schönere Vokabeln ausdenken wollen,

Nur, um so zu bleiben, wie wir sind?

Aber nein! Wenn uns einer dieser Geister

Begegnet und wir einmal zurückstarren sollten

In die einstmals lebendigen Augen!

Wenn die Stille und das Leiden ihres Sterbens

Unsere Haut berühren und sie dann rufen:

„Halte ein!"

Da packt uns auf einmal unsere Mutter an die Hand

Oder der Mensch, der mit uns zusammen wohnt.

Er zieht uns weg, als wären wir unnütze Knaben.

Und sie schimpfen mit uns.

Und sprechen von Anständigkeit.

Und führen uns wieder zurück in den Kreis.

Und führen uns wieder zurück

Zu unseren Fehlern, die uns

Scheinbar menschlicher machen.

Und klüger. Und voller Gewalt und

Grausamkeit.

Es spricht ein einsamer Mensch

Mit einem einsamen Mund, ein Mensch,

Der vor lauter Starren und Staunen

Sein zu Hause verloren hat.

Intermezzo (prosaisch)

Noch eine Sache!

Ich sitze mit T. im Kino.

Wir diskutieren.

Manchmal habe ich das Gefühl,

Dass ich mehr rede, als andere.

(Vielleicht aus Unsicherheit?)

Dann der Abschied!

Kann man Abschied verstehen?

Was ist das? Abschied!

Und wovon verabschiedet man sich,

Wenn man geht?

Vom Freund?

Von der Vergangenheit?

Von der Geborgenheit?

Vom Egoismus?

Trifft man sich eigentlich als gleiche Person wieder?

Und wenn ja, weil man älter geworden ist,

Spielt man da nicht dem anderen etwas vor?

Dem anderen vorspielen, der Gleiche zu sein!

Was für ein Witz!

Nein!

Wahre Freunde, denke ich,

Akzeptieren Veränderung!

(Oder vielleicht nicht?)

6

Ob ich jemals

Dieses Ding besessen habe?

Dieses, was sich nennt, Zuhause!

Ob ich jemals eine Mutter hatte,

Die mich gewiegt hat,

Oder einen Vater,

Einfach für den Tag?

Ich vergesse oft den Tag meiner Geburt.

Die Sorgen meines angeblichen Kämpfens,

Die sich reduzieren lassen können

Auf Sein oder Vergessen

Auf Sterben oder Siechen.

Ich vergesse oft mein Aufgewachtsein.

Mein Aufgewachsensein-

Scheint, als wäre alles jetzt

Und ich war schon immer alt.

Vergesse meine Brüder und Schwestern!

Vergesse meine Ketten, meine vergifteten

Handlungen und Gedanken,

Meine Achtung,

Und vor allem mein Dagewesensein.

Und dann entsteht mein Atem,

In dem da steht: „Das ist Freiheit!"

Und ich denke an Nazim, der mich

Wahrscheinlich schelten würde

Für diesen einen, meinen Gedanken.

Weil meine Freiheit immer noch

Dem Wasser gleicht, das verdammt ist

In der Flasche zu leben,

Um getrunken zu werden.

7

Was hattest du gedacht, Mutter,

Als du mich genannt hast

Beim Namen?

Was hattest du durchlebt, Mutter,

Als du mich gesehen hast,

Wie ich da lag, schwach,

Und kaum fähig zum Atmen?

Hattest du an das tote Kind gedacht,

Dass vor mir war, vor langer Zeit?

Das Kind, dass in deinem Bauch

Einmal gewachsen war

Und lebte, bevor es starb?

Wie viele Träume hattest du für ihn?

Und welche blieben eigentlich nur für mich?

Welches Lied war für ihn bestimmt?

Und welches war für mich?

(Gab es denn eins für mich?

Oder war dies alles nur für ihn bestimmt?

Und hast du mich wie ihn aufgezogen, ihn, der

Welcher schon lang vergangen war?

Und hast immer gesagt,

Immer wieder gesagt:

Wer einmal lebt, der muss nun

Anständig sein! Ein Leben lang!)

Irgendwann im Traum musste dich

Mein Bruder besucht haben. Er musste

Dich angesehen haben, angestarrt,

Denn sprechen, Worte empfinden,

Das konnte er noch nicht. (Oder doch?)

Was war wohl damals schon-

Da denn deine Empfindung?

Wie war wohl damals schon

Dein Beherrschen und dein Anstand?

Und hat er dich angeblickt voll Vorwurf

Oder Liebe?

Oder hat er dich angeblickt und sich weggedreht

Dich nicht mehr anzusehen, für immer?

Heute noch, ich weiß nicht wie,

Kannst du meine Hand ergreifen,

Meine Hand, die so viel tun könnte,

Und du nimmst mich mit zu dir,

Damit ich nicht bestaunen könne,

Was außen sei.

Und jedes Mal, wenn du diese,

Meine Hand ergriffen-

Meine Hand, die so viel tun könnte-

Hast du nicht schon damals

Mir erst gezeigt, dass da etwas war,

Was außen ist?

Hast du nicht mit deinem,

Meinem Verstecken

Mich erst gelehrt, dass es etwas gab,

Was außerhalb ist von Zählen und

Gefangen werden?

Mutter. Deine Liebe war immer

Liebe um dich! Und ich musste

Deine Lügen lieben, weil ich sonst

Verhungert wär' in deiner Anwesenheit,

Und verdurstet wäre, nachts im Bett.

Mutter, du hast mich den Tag gelehrt.

Einen Tag, den ich immer gehasst hab...

8

Und was ich dich schon immer

Erklären lassen wollte!

Weil ich es endlich begreifen wollte

Und vernichten!

Das war der Samen in meinem Körper!

Die Saat meines innersten Selbsthasses!

Vater, du, der du es hast wachsen lassen,

Wie ein Spiegelbild deines Inneren!

Du, der du mir doch Gutes tun wolltest

Deinem, wie du dachtest, jüngeren Ich

In einer fremden Haut, du, der du mich

Brechen wolltest und vertreiben, weil

Dies die Form war, wie du das Leben schautest.

Du, der du mich im Käfig täglich gefüttert hattest

Und mich geschlagen und gerissen-

Hattest du dies nur getan, um mich vorzubereiten

Auf die falschen Freunde und Wölfe?

Und auf den Krieg, der kommen wird,

Weil Leute, wie du und ich, so dumm sind,

Dass sie einander abschlachten würden,

Für das wenig bisschen Anerkennung,

Für das wenig bisschen Unterhalt,

Für die ganz große Unterhaltung,

Und das Klatschen von Matrosen,

Die mehr in ihrem Leben gesehen haben,

Als wir?

Wie sehr wünsche ich dich, Vater, abzuschlachten

Für die Freiheit, die du mir geraubt hast

Für das Fehlen der Erfahrung, der einen Erfahrung

Einfach einmal Knabe zu sein! Und Kind!

Für dein Treten und Foltern,

Für deine Ketten an meinen Händen,

Die ich heute noch ertragen muss

Die meine Hände so träge machen

Und schwer.

Für das Herausreißen meines Herzens

Für das Taubmachen meiner Haut

Für das Blindmachen meines Tastens

Für das Gleichmachen jeden Geruchs

Für mein Nichtschmeckenkönnen

Für meine Einsamkeit

Für mein Erblinden

Für meine Angst

Für mein Dahindriften

und Absterben

Für meine Sehnsucht

Für mein Alleine sein...

9 *Für Didem*

Und doch...!

Im Gang..., dort,

Neben dem Matrosen

Und der Matrosentasche

Dort, wo mein Rucksack nicht ist

Und auch nicht mein Bücheregal

Oder mein Fenster, das Fenster

Meines verdreckten Zimmers...

Es dringt der Geruch von

Kaffee zu mir. Und Tabak.

Ein Gespräch von jungen Damen,

Die gelitten haben!

Und ein Kruzifix liegt,

Absichtlich versteckt,

Zwischen ihren großen

Und dicken Brüsten.

Damen, mit denen ich schon längst

Liiert und geschieden war, in den jahrelang

Dauernden Sekunden meiner Gedanken.

Gedanken, die nach Sünde riechen

Und Taubenmist.

//

Ich verweile immer noch im Hotel

In dem Hotel in Istanbul.

Als ich dich mit Erich Fromm

Gesehen habe, der deine Augen

Schöner gemacht hatte,

Als alle Blumen dieser Welt.

In deinem Schlafanzug machtest

Du mir Frühstück.

Noch ganz verschlafen.

Ich verstand kaum eines deiner Worte!

Aber deine Augen! Deine Sehnsucht!

Dein Zu Ende sein!

Das war es, was mich zu dir zog

Mich zurückkehren ließ zu dem Hotel,

Das mich mehr an eine Schlacht erinnert hatte

Und an Schuhcreme,

Als an Ferien.

Das war es, warum ich dich nicht vergessen kann,

Seitdem ich zurück bin,

Oder warum ich nie ganz zurückgekehrt bin

Aus Istanbul, dem Moloch.

Und noch halb neben dir bin

Auf dem Sofa, halb liegend

Und als vor uns die Katze

Im Sterben gelegen hatte -

Weißt du es noch?

Und du geweint hattest, und die Schaufel

Angeschrien hattest, die Grausame,

Die sie hätte wegtragen sollen.

Die Katze, die mit aufgebrochenem Schädel

Gezittert und gefroren hatte.

Die Schaufel, die sie hätte wegbringen sollen,

So wie heruntergefallenen Tabak

oder Taubenmist.

Als du ein Lied gesungen hattest,

Ein Lied, das ich nicht verstanden hatte.

Oder über Konya geschimpft hattest:

„Ein Ort voller Faschisten!"

Und ich nur gelacht hatte,

Wie ein sonniger Dezembertag

Mit Schnee.

Weil ich gewusst hatte,

Was du gemeint hattest,

Und weil ich glücklich war

Für einen Tag.

Da hab ich dich lieben gelernt.

Und habe lieben gelernt.

Darum will ich sehen lernen

Und schmecken und riechen

Und fühlen und hören.

Weil ich dich spüren will,

Wie du neben mir liegst,

Wie frischer Herbst!

Ich will in deinen Haaren landen,

Die sich verloren fühlen

Zwischen meinem Cicero

Und Seneca.

Ich will, dass du aufstehst vom Bett

Dich streckst,

Auf dem Boden Spuren

Von Weiblichkeit verstreust,

In der Luft

Deinen Anblick stehen lässt

Und dann zurückkehrst zu mir

Ins Bett.

Ich will den Tag

Einmal Tag sein lassen

Und nur deine Stille riechen,

Deine Ungeduld

Und Zweifel schmecken,

In denen ich mehr zuhause bin,

Als in meinem ganzen Körper

Und in meiner ganzen Freiheit

Eines Tages werde

Ich zu dir kommen

Und dich sehen

Und dich fühlen

Deine Zehen

Küssen

Und vergehen.

Und doch!

Wie treffen sich zwei Fremde

Und sind sich gar nicht fremd

Und gehen ein paar Schritte

Und trinken!

Und werden dann,

Wenn sie sich verlassen,

Wieder Fremde unter Fremden,

Die sich kaum erkennen.

Als du dein Buch gezückt,

Mit Zeichnungen deiner Seele,

Und ich meines

Mit Buchstaben des Unglücks.

Als du so schön lachtest

Wie kein anderer

Wie kein gänzlich froher

Mensch nur lachen könnte

Sondern wie einer,

Der Enttäuschung kennt

Und das Leiden kennt-

Und als wir gingen und uns Worte

Entwichen, wie zu einem Fest,

Da nahm ich deine Hand

Und wollte nicht mehr weg

Aber du wolltest nicht.

Und gingst.

Und gingst.

Allein.

Und zeichnetest mir nicht.

Und schriebst mir nicht.

Und gingst.

Und gingst.

Warst weg.

Ich habe dich nicht wiedergesehen.

Und wachsen lernen,

Wie ein Baum,

Beständig und langsam!

Und älter werden

Und sich strecken,

Wie ein Baum,

Und Wurzeln schlagen

Und sich umpflanzen lassen,

Wie ein Baum.

Das sei die große Weise!

So habt ihr es mich gelehrt!

Doch gibt es nicht

Unter euch Bäumen,

Die ihr so hochgelobt seid

Nicht auch die, deren Arme

Im Wege stehen?

Und gibt es nicht auch

Unter euch Wesen,

Deren Wurzeln kranken,

Viele unter euch,

Die dem andern

Wasser stehlen

Und den andern darben

Und sterben lassen?

Wenn ihr fallt,

Fallt ihr nicht auch wie wir?

Und landet ihr nicht auch

Auf dem Boden irgendwann

Und werdet Erde, so wie wir?

Ihr habt genauso wenig Göttlichkeit

In euch, wie wir,

Oder auch genauso viel.

Und trauert ihr nicht auch

Um jede untergehende Sonne,

Die man nie wiedersehen wird.

Oder um jeden Menschen,

Der euch begegnet, inne hält

Und weilt, sich hinsetzt,

Ein Lied singt und geht?

13

Wo bleibt der Sinn?

Wo bleibt das Wiedersehen?

Mit dem ewig Vergangenen

Und dem ewig vergangen sein.

Was nützt meine Sehnsucht,

Meine Sehnsucht nach dem Neuen,

Wenn ich nur Altes sehe,

Wie es sich verbraucht,

Immer wieder aufbäumt

Doch ständig stirbt.

Es war einmal ein Tag,

Der aussah wie das morgen

Und das gestern,

Das vergangen war.

Und er war schön.

Und sinnlos.

Und ohne Hoffnung.

Da habe ich euch getroffen,

Meine Eltern! Meine Brüder!

Meine Schwestern!

Da habe ich mir geschworen

Mich nicht mehr in diesen Tag zu begeben

Und auch die Tageszeitung

Nicht mehr zu lieben,

Die dort da liegt

Auf dem Wohnzimmertisch,

Wie Butterbrot in Dosen.

Und auch nicht die bunten Bilder,

Diese Falschen,

Die mich zum Weinen bringen sollen,

Aber bloß nicht zum trauern!

Und habe Folgendes getan,

Was niemand mir verziehen hat!

Selbst ihr!

Die Farben zu lieben begonnen! Das Wühlen!

Die Bäume und Wiesen!

Da hab ich das Vergangene

Schätzen gelernt, weil

Es endlich vergangen war.

Weil es grausam war,

Wie eine Kerze, die völlig abbrennt

Und nicht mehr anzuzünden war.

Da hatte ich das Sterben geschätzt

Aus dem ich wachsen konnte

Und das Leben in mir.

Das Innenleben.

Nicht nur wie einen Spiegel

Geschätzt,

Sondern wie einen Körper

In meinem Körper

Als Körper.

Deshalb sagtet ihr:

„Entsinne dich!

Denn die Sinne täuschen!“

Doch ich frage euch,

Ihr, die ihr mir sagt,

Was Wahrheit ist,

Wenn ich nicht sehe,

Wenn ich nicht rieche,

Wenn ich nicht fühle,

Höre oder schmecke,

Wenn ich alles tue ohne Sinne,

Wann- oh ihr Wahrheitssprecher

Und Propheten- wann

Werde ich eintauchen

In die fade Welt

Des Elbstrandes mit Fremden

Und mich am Fleisch vergreifen

Das künstlich schmeckt und

Mich süchtig macht nach

Altem und Totem,

Und mich krank macht

Von lauter Zaubersprüchen,

Die nicht wirken.

Oh ihr Fremde, die ihr glaubt,

Dass künstliche Verkünstelung

Des Fleisches Freude bringt,

Und die Wahrheit, die vielleicht

Nicht zu greifen ist

In Tabakdosen verpackt

In Lehrbüchern und Regalen

Ihr, welche die Entsinnlichung

Dessen fordert,

Was sinnlich aufzugreifen

Möglich ist...

Ihr sprecht von Kunst!

Und sprecht von euch!

Und sprecht von Entsinnlichtem!

Und Sinnlosem!

Und sprecht von Kunst!

Und sprecht davon,

Wie über Tabakdosen

Und Taubenmist.

Ihr, die ihr entsinnlicht

Mehr erschaffen wollt

-Vielleicht aus Gutem-

Dabei alles zerstört, was

Wächst und lebt

Und lebt und wächst-

Habt ihr noch nicht verstanden,

Dass ihr genauso seid wie wir?

Und wie Bäume,

Die genauso sterben werden,

Wie wir, wir,

Die aus Fleisch bestehen,

Wie das Fleisch,

Das wir unseren Mündern zuführen?

Und ihr bringt einander um

Mit Nebensätzen

Und Waffen.

Und hört auf zu hören,

Wenn da einer sagt:

Hört auf!

Wenn wir älter werden,

Heißt es denn,

Wir werden mutiger?

Oder klüger? Oder weiser?

Oh, wenn wir unsterblich wären,

Was wäre unsere Welt für eine

Dumme Kreatur!

15

Und doch gibt es sie,

Diese Freiheit in den Bäuchen,

In den Herzen und den Beinen,

In den Armen und Köpfen!

Und zwar,

Wenn ich ein Gesicht erkenne

Auf dem Rücken eines Klaviers

Und es das Brummen hört

Und fühlt.

Dann, wenn die Augen geschlossen sind,

Aber dennoch mehr sehen als sonst!

Wenn sie in den Boden hineinschauen,

Hinaus, in die noch nicht geformte Welt

Dann, wenn der Atem wächst

Und wächst und einen Sturm in sich trägt

Voller Leidenschaft und Liebe,

Die man nicht greifen kann,

Noch treiben

Dann, wenn ich Kummer nicht

Aus mir herausziehe,

Wie einen Stift aus dem Stiftekasten

Sondern ihn lasse

Und ihn sprechen lasse

Mit dem Mut des Wassers,

Das rauscht, weil es fließt

Und es nicht gefangen ist

In Flaschen oder Behältnissen

Dann, wenn ich weiß,

Dass ich nur ein Instrument bin

Wie meine Arme,

Wie meine Füße,

Mein Bauch und mein Rücken,

Mein Hals und mein Kopf!

Dann, wenn wir schreien und singen,

Dann, wenn wir uns bewegen

Und handeln

Und den andern berühren

Mit der Kraft unserer Stimme

Und der Kraft unseres Atems

Und der Kraft unserer Hände,

So, dass er völlig versteht

Und uns vielleicht fürchtet,

Weil wir gerade sterben und doch leben

Und streben

Und sehnen

Dann, wenn er uns an

Den Straßen auflauert,

Vielleicht im Dezember,

Und um seine Seele fürchtet,

Weil er uns gesehen.

Dann, wenn wir ihm

Begegnen, diesem Fremden,

Der nicht mehr leben kann

Für sich....

Dann ist endlich Freiheit!

Dann, wenn er verstanden

Und wir auch!

Und eine Kerze anzündet

Für uns-

Und nicht für den Mord

An einem Matrosen!

Dann, wenn wir sehen,

Riechen, fühlen,

Hören, schmecken

Und sprechen

Mit alldem, was uns gegeben-

Die Sinne nehmen,

Um Sinn zu geben!

Dann ist endlich Freiheit!

Dann, wenn ich neben dir bin!

Und nur neben dir sein will,

Wie ein Baum, der wächst

Und stirbt.

Dann, wenn ich mich mit Nazim

Streiten will,

Weil ich zu kurz gedacht hab!

Und wenn ich einen Fremden

Wiedersehe und er mich wiedererkennt

Und wir uns im Schnee wälzen

Wie Knaben, die schon immer

Knaben waren! Und Kinder!

Dann, wenn ich deine Lippen berühre,

Und mit dir mein Leben teile.

(Und du auch deins mit mir)

Wenn ich deine Brüste küsse

Und mich zwischen

Deine Beine lege

Und du zuckst und schnurrst...

Wenn ich dich endlich lieben kann

Ohne die Blicke eines Fremden.

Dann ist endlich Freiheit.

Dann ist endlich Sterben.

Dann beginnt mein Leben.

16

Was uns auf einer Zugfahrt

Begegnet...

Was uns auf einer Zugfahrt

Geschieht...

Uns ein nichtsahnender Matrose

Erinnert an das Reisen

Und an das zu Hause,

Das vielleicht hinter

Dem Sommer wartet

Oder dem Winter.

Oder das nirgendwo liegt,

Außer im Grab am Ende

Unseres Seins.

Da lieg ich schon-

Ich bin eingepfercht

Zwischen stinkenden

Und grässlichen Menschen

Und hoffe eines Tages

Zu begegnen einem Wolf,

Der gierig ist nach Leben

Und hungrig ist nach

Sehnsucht und Sterben.

Hoffe mit ihm ein Leben zu teilen,

Ein Leben lang

Ihn wiedersehen

Und mit ihm liegen

Am Strand.

Hoffe mit ihm

Mein Zimmer zu teilen

Und mein Fenster

Meine Gedanken

Und Sünden.

Ich denke an Mutter,

Die über andere lästert.

Und Vater, der alt ist

Und schläft.

Ich denke an das Unglück

In ihrem Dasein

Und Aufgewachsensein.

Und in ihrem Aufgewachtsein

Entschieden sie sich

Einstmals

Für ihre Müdigkeit.

Ach, wie sehr sehn'

Ich mich nach Liedern!

Und Mündern einer

Einzigen, wahren Empfindung!

Wie sehr sehn' ich mich nach

Süßen Brüsten und Schenkeln!

Wie sehr sehn' ich mich

Nach Bäumen,

Nach schönen Rücken,

Und Augen, die strahlen.

Wie sehr nach Bitterkeit

Und Armut,

Nach Reichtum

Und Süße.

Nach Göttlichem

Und Lebendigem.

Endlichem

Und Ewigem.

17

Aber diese Lügen, ich bitte euch,

Nehmt sie weg.

Und tischt sie mir nicht auf, wie

Tabak und Taubenmist!

Diese Lügen und Zaubersprüche

(Wer hat sie euch wohl beigebracht)

Werden schneller vergehen,

Als wir.

Spätestens, wenn der Krieg kommt!

Spätestens mit den neuen Toten!

Nachwort I (Prosaisch)

Das ist also das Nachwort.

Der Flug ist problematisch.

Und Müdigkeit überfällt mich.

Ich habe ein Problem mit dem Schlafen.

Eine Frau, die nicht genau weiß,

Wohin sie sich bewegen soll,

Wälzt sich im Sitz.

Ihr Gesicht ist ernst.

Ich glaube sie trägt das Gesicht ihrer Mutter als Maske.

Ich frage mich, ob sie die Maske einmal abnimmt.

(Ja, es ist eine Maske!

Es ist kein Gesicht!

Ich bin mir sicher!)

Lüftet sie ab und zu ihre Haut?

Unter einer Maske muss man elendig schwitzen!

Und ich kann mir auch nicht vorstellen,

Dass man sich wohl fühlt

Unter der falschen Haut.

(Aber vielleicht dienen Masken als Stütze für uns? Wer weiß?)

Anstatt sie ins Gespräch zu verwickeln,

Schalte ich einen Film an.

Monitore gibt es an jedem Sitz.

Einen solchen Luxus hatte ich noch nie!

Kunst ist etwas,

Das mich manchmal

Mehr interessiert,

Als die Menschheit

Oder die Menschlichkeit.

Ich kann das nicht pauschal behaupten.

Aber manchmal.

Manchmal ist es wahr.

Ich lehne mich zurück.

Ich ignoriere die Wirklichkeit.

(Kann man das überhaupt?)

Nachwort II (Prosaisch)

Das ist also das Nachwort.

Wir sind nun mittlerweile in Kairo.

N. und ich.

Und wir sind bei D..

D., den wir lange nicht mehr gesehen haben.

Und der mich seit Beginn meines Lebens begleitet hat.

(Wie oft werden wir wohl geboren?)

Und in den nächsten Tagen

Geht es wieder zurück nach Hamburg.

Was wird wohl geschehen,

Jetzt, wo ein neues Jahrzehnt beginnt?

(Ich kann mich gar nicht mehr erinnern,

Wie die letzten zehn Jahre vergangen sind.)

Wieder steht eine Rückkehr bevor!
Eine Rückkehr, wohin?

Es scheint, ich stehe wieder am Anfang...

Am Ende, denke ich, am Ende sind wir alle gleich.
Im Ende sind wir alle gleich.

Du und ich.

Ende.

Dan Thy Nguyen 23.12.2009- 08.01.2010

Bibliografische Information der Deutschen
Nationalbibliothek:
Die Deutsche Nationalbibliothek verzeichnet diese
Publikation in der Deutschen Nationalbibliografie;
detaillierte bibliografische Daten sind im Internet
über http://dnb.d-nb.de abrufbar.

Herstellung und Verlag:
Books on Demand GmbH, Norderstedt
ISBN 978-3-8391-8849-1